A Kalmus Classic Edition

Erik
SATIE

FIVE NOCTURNES

FOR PIANO SOLO

K 02262

NOCTURNE
(PREMIER)

POUR PIANO

Erik SATIE

Ralentir
pp
attendre
p
en dehors
Un peu plus lent qu'au début ♩.= 56
p
mf
f
p
f
Ralentir

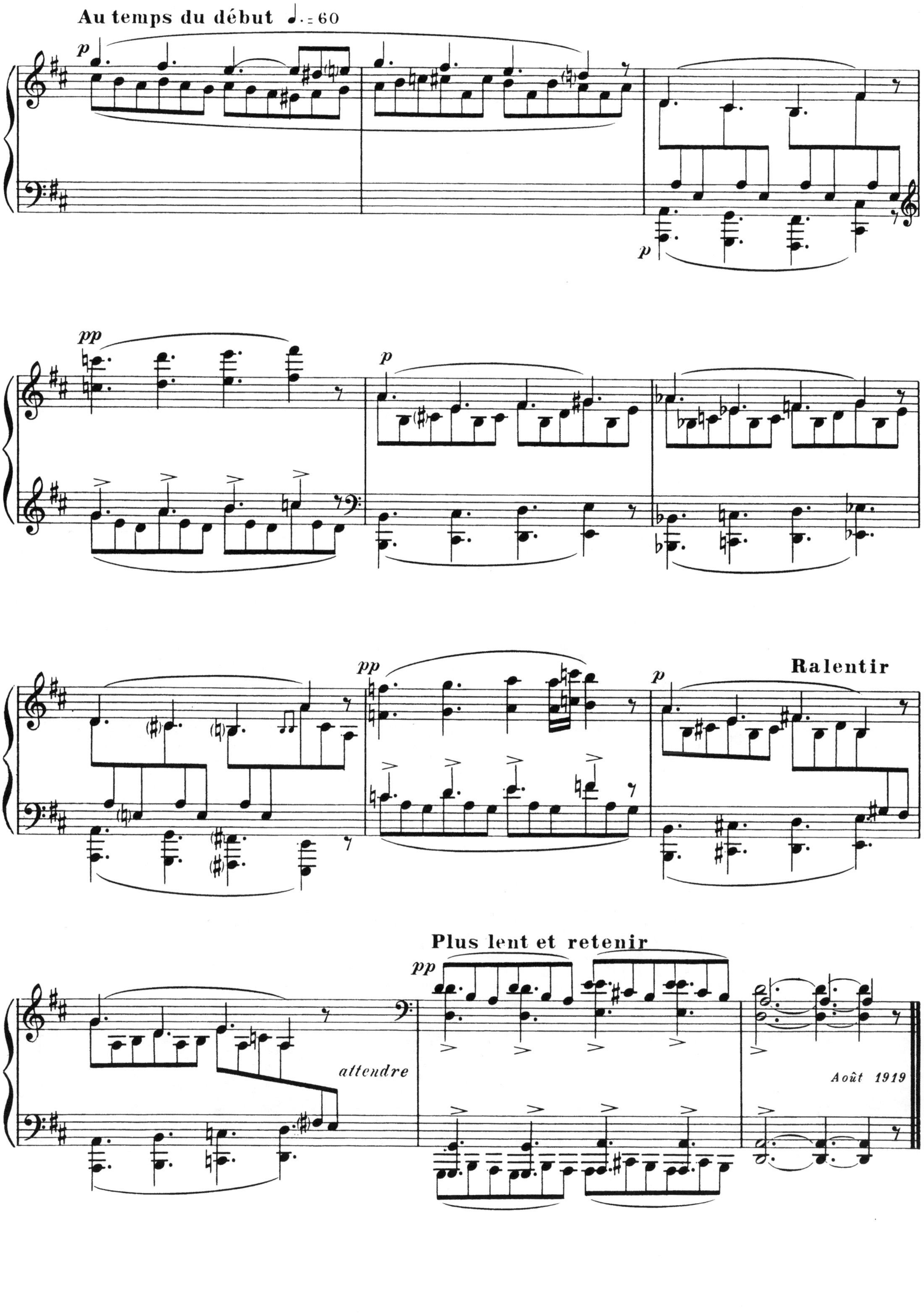

Au temps du début ♩. = 60
p
pp
p
pp
p
Ralentir
Plus lent et retenir
pp
attendre
Août 1919

NOCTURNE
(DEUXIÈME)

POUR PIANO

Erik SATIE

Retenir
attendre
Plus lent ♩. = 40
pp
p
mf
f Large
ff
pp très chanté
Ralentir
enchaîner
♩. = 48
p Reprendre
pp
pp
Sept. 1919
Ralentir de plus en plus

NOCTURNE
(TROISIÈME)

POUR PIANO

Erik SATIE

Reprendre
p
Ralentir peu à peu
mf
♩ = 40
p
Calme
en dehors
chanté
mystérieusement
pp
pp
avec sérénité
mf
f

gravement
pp
Très retenu
pp
attendre
Temps du début ♩.=72
p
p
mf
f
Ralentir de
f
Large
ff
plus en plus
Octobre 1919
March, 1995

4ᵉᵐᵉ Nocturne

pour Piano.

Erik SATIE.

Ralentir.
ATTENDRE.
Un peu plus lent. (♪ = 84)
pp
grave.
pp
Large.
Très retenu.
Lointain.
mf REPRENDRE.
Ralentir.

a Madame Georges COCTEAU.

5ᵉᵐᵉ Nocturne

pour Piano.

Erik SATIE.

Ralentir.
p
ATTENDRE.
(♩. = 50)
Elargir.
Très retenu.
p
f
p
m.g.
♩. =
ralentir.
pp
p
Novembre 1919.